NATIONAL GEOGRAPHIC

T0045192

I Help My Dad

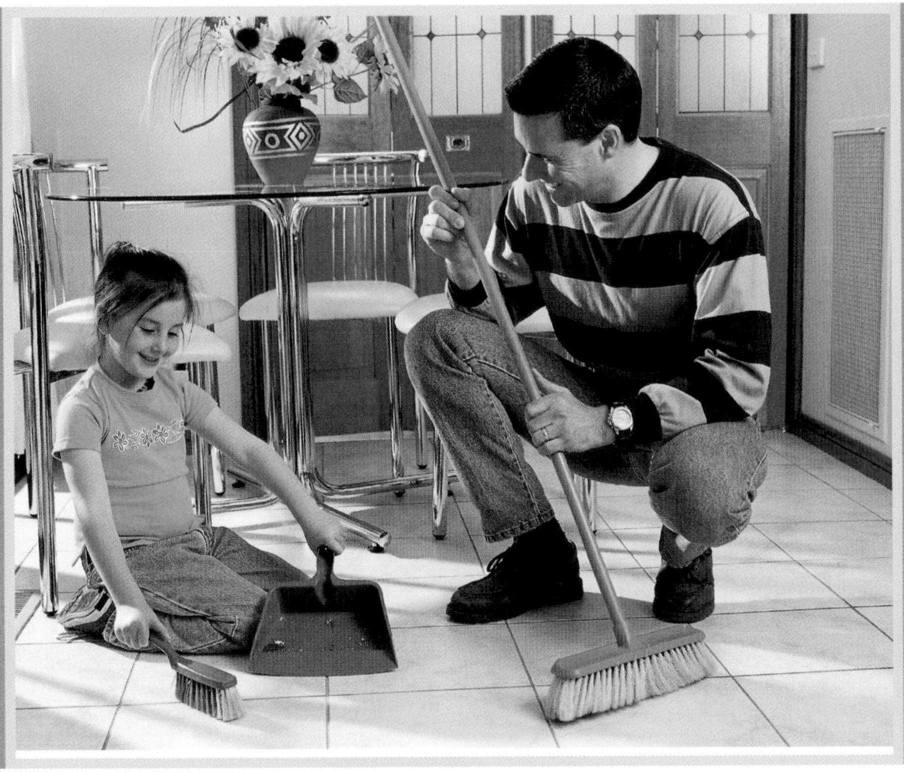

Zoe Sharp

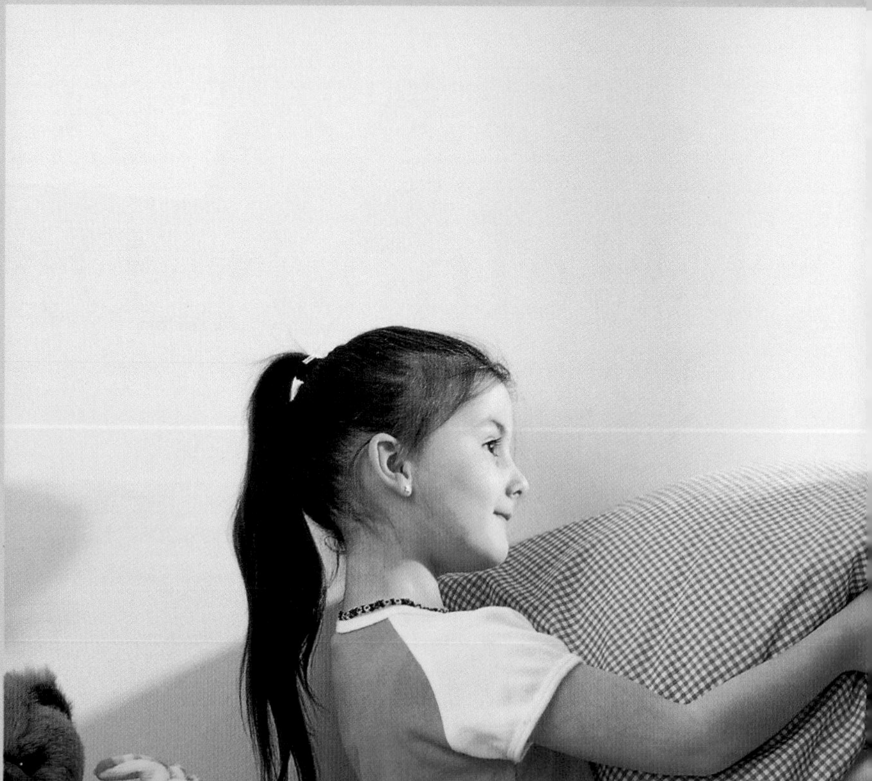

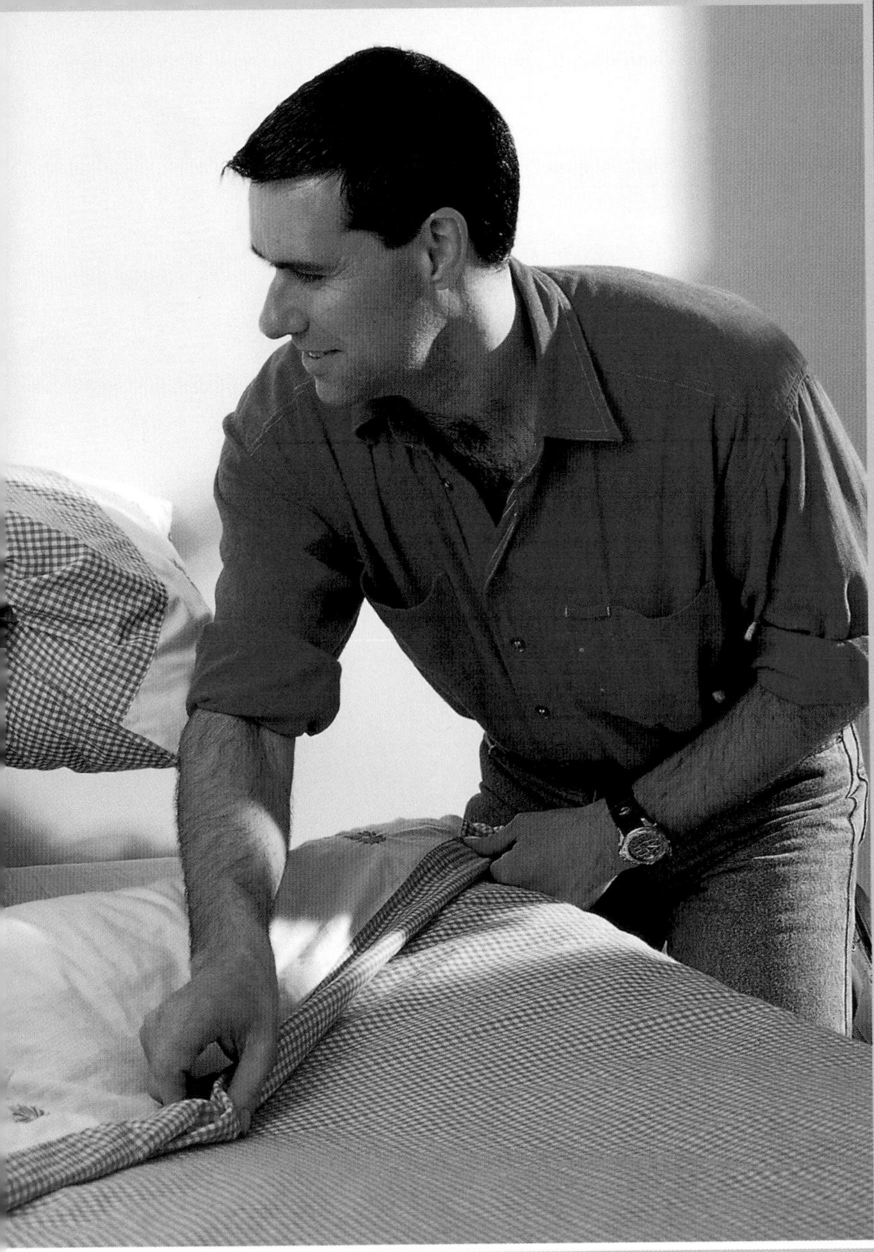

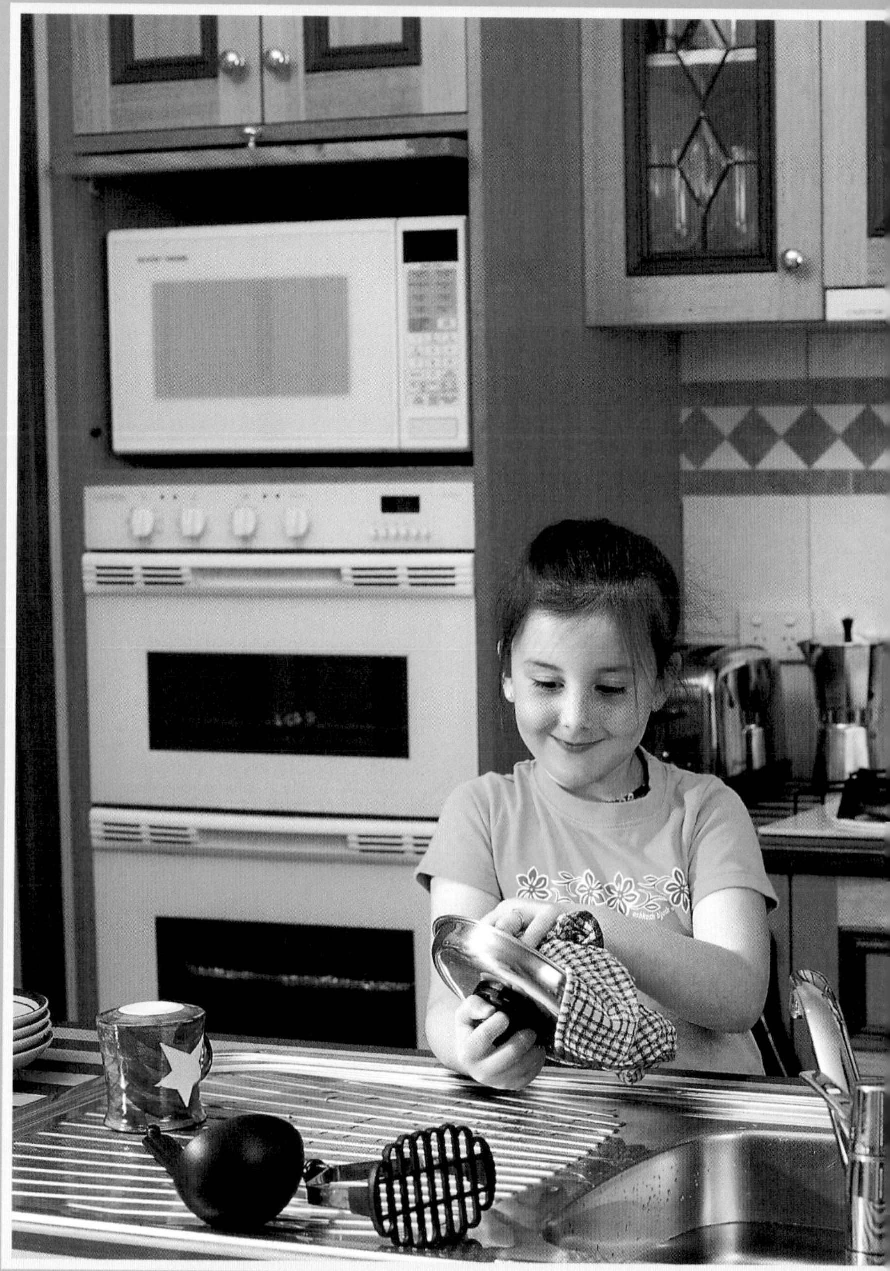

I help my dad.

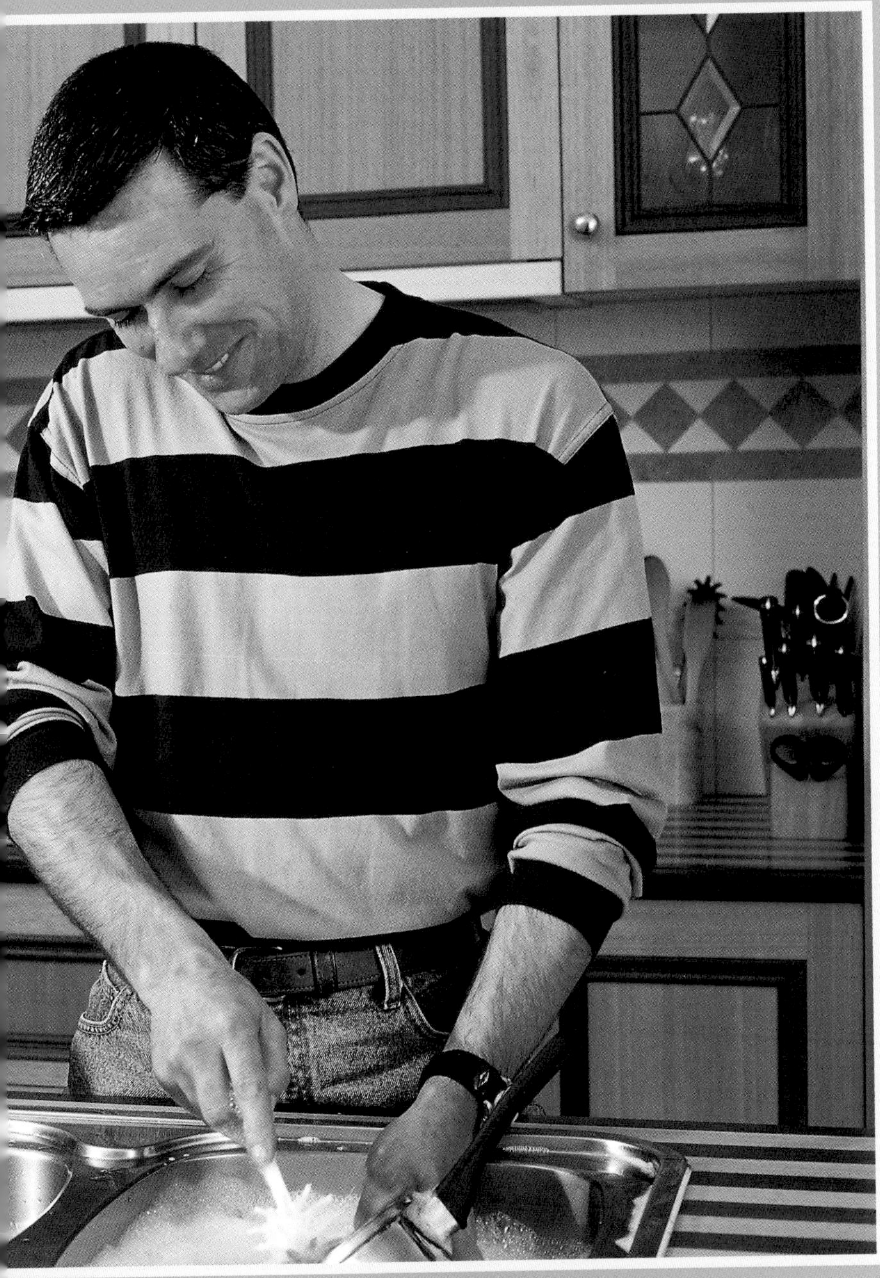

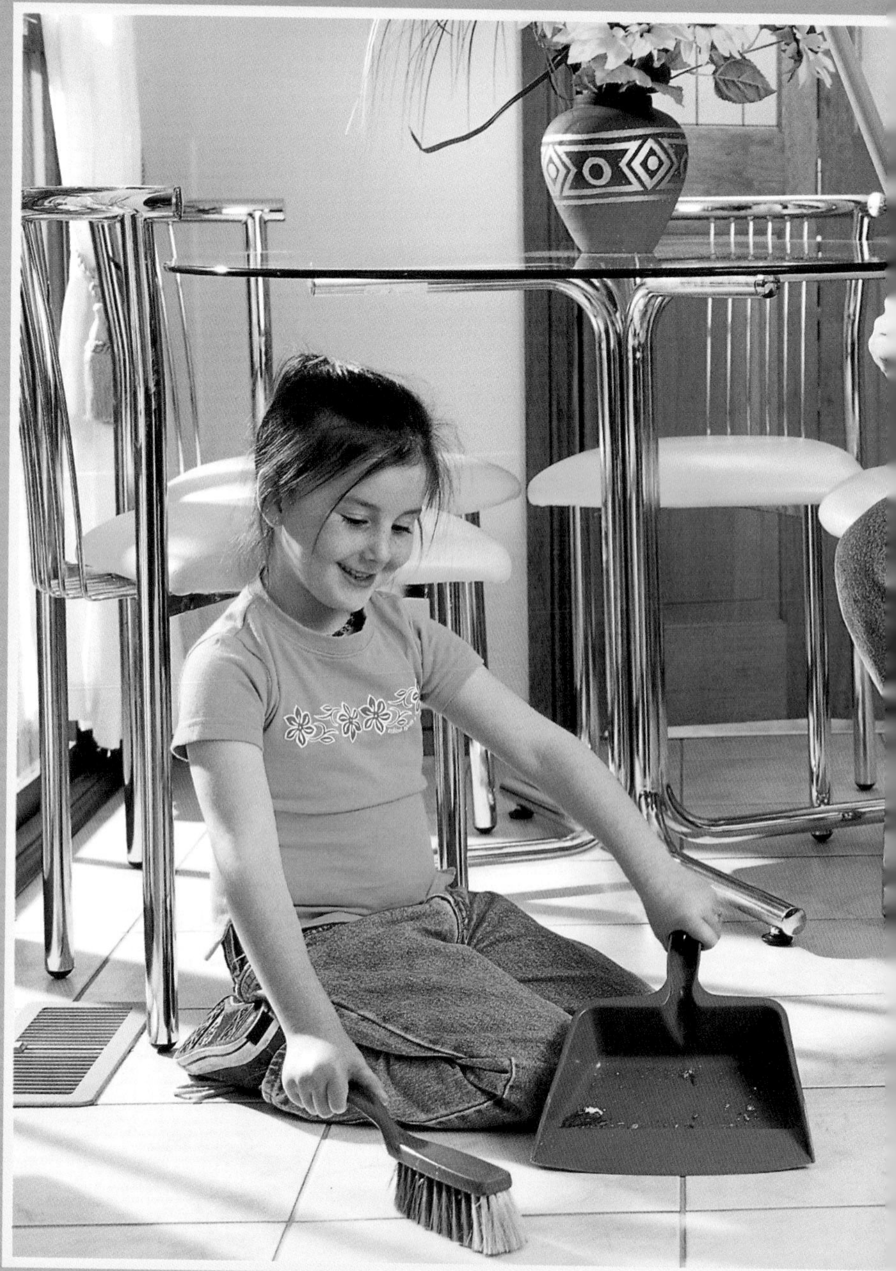

I help my dad.

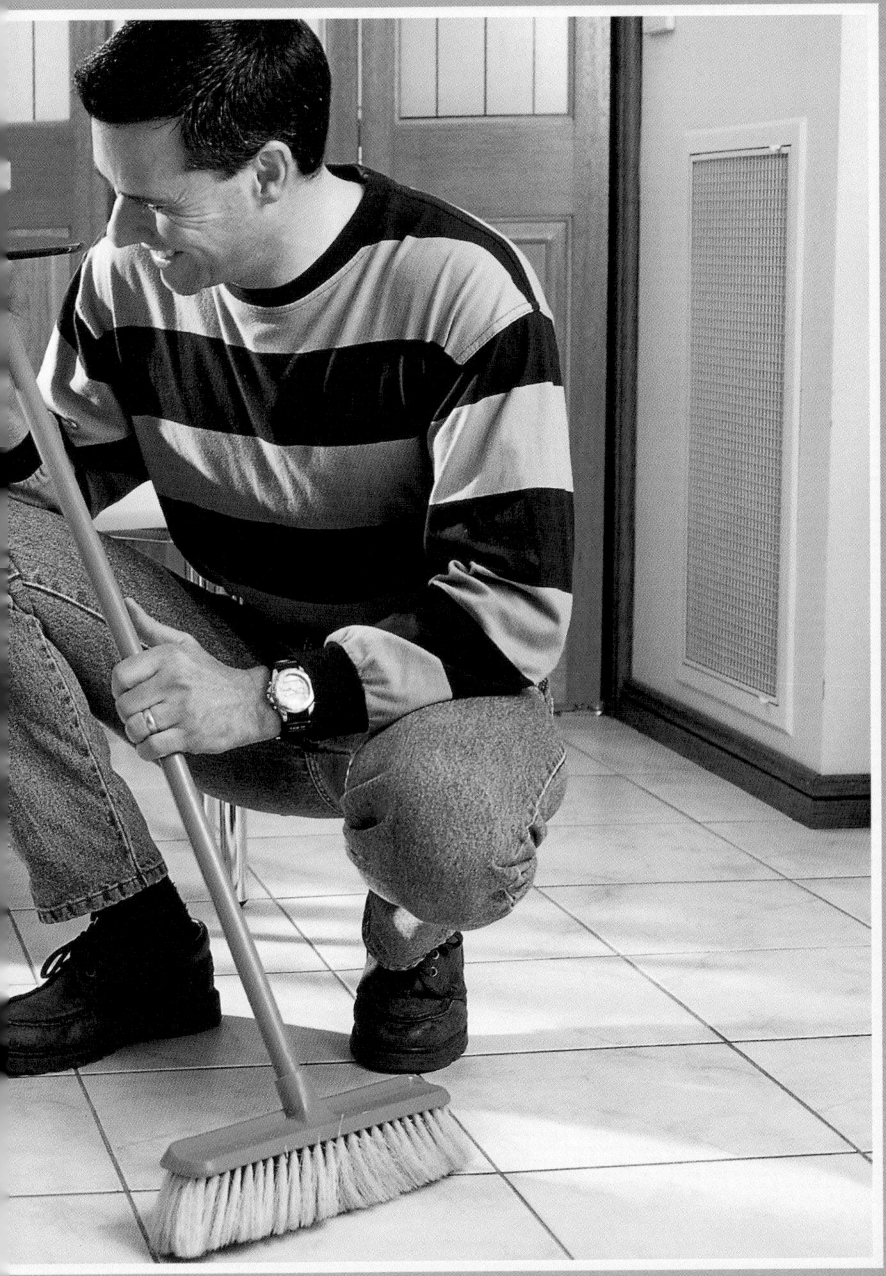

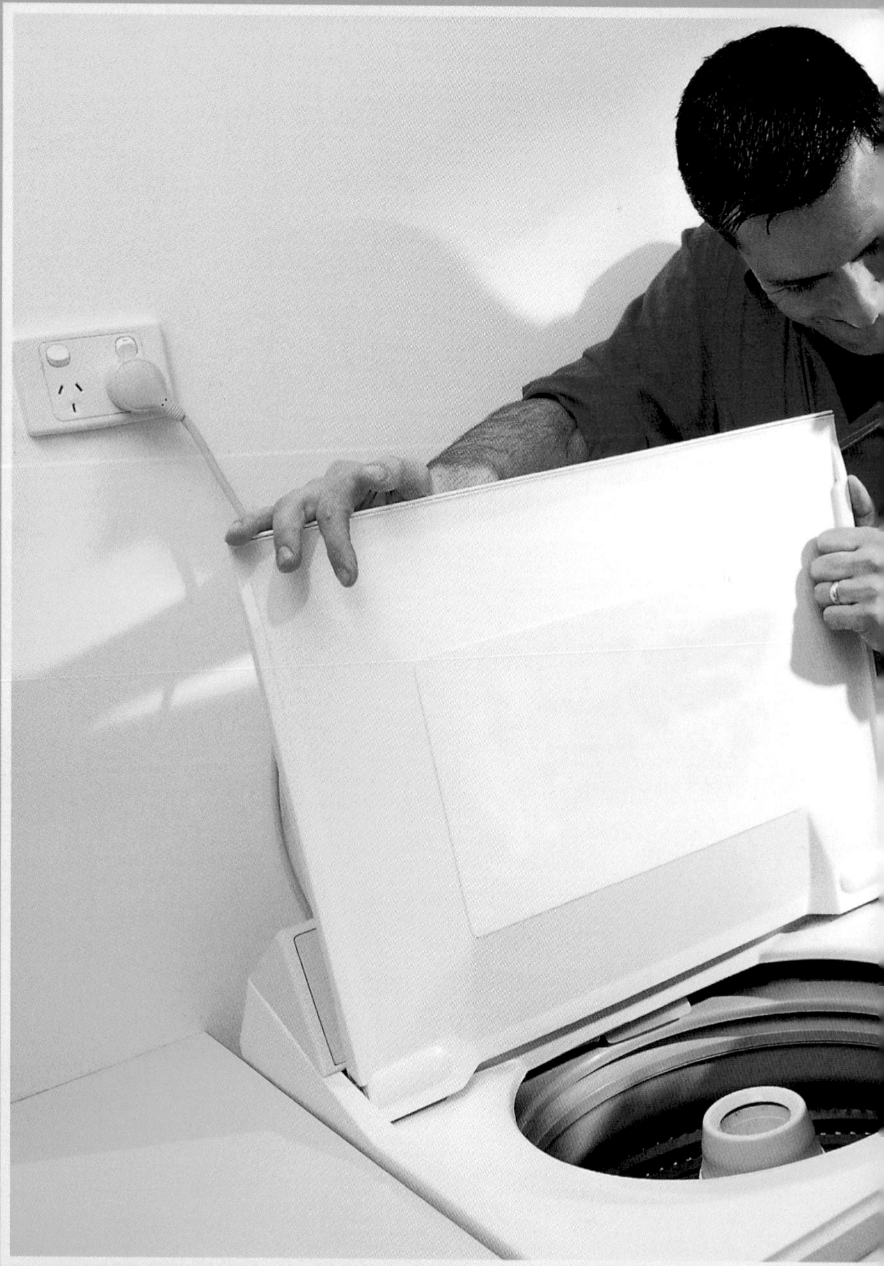

I help my dad.

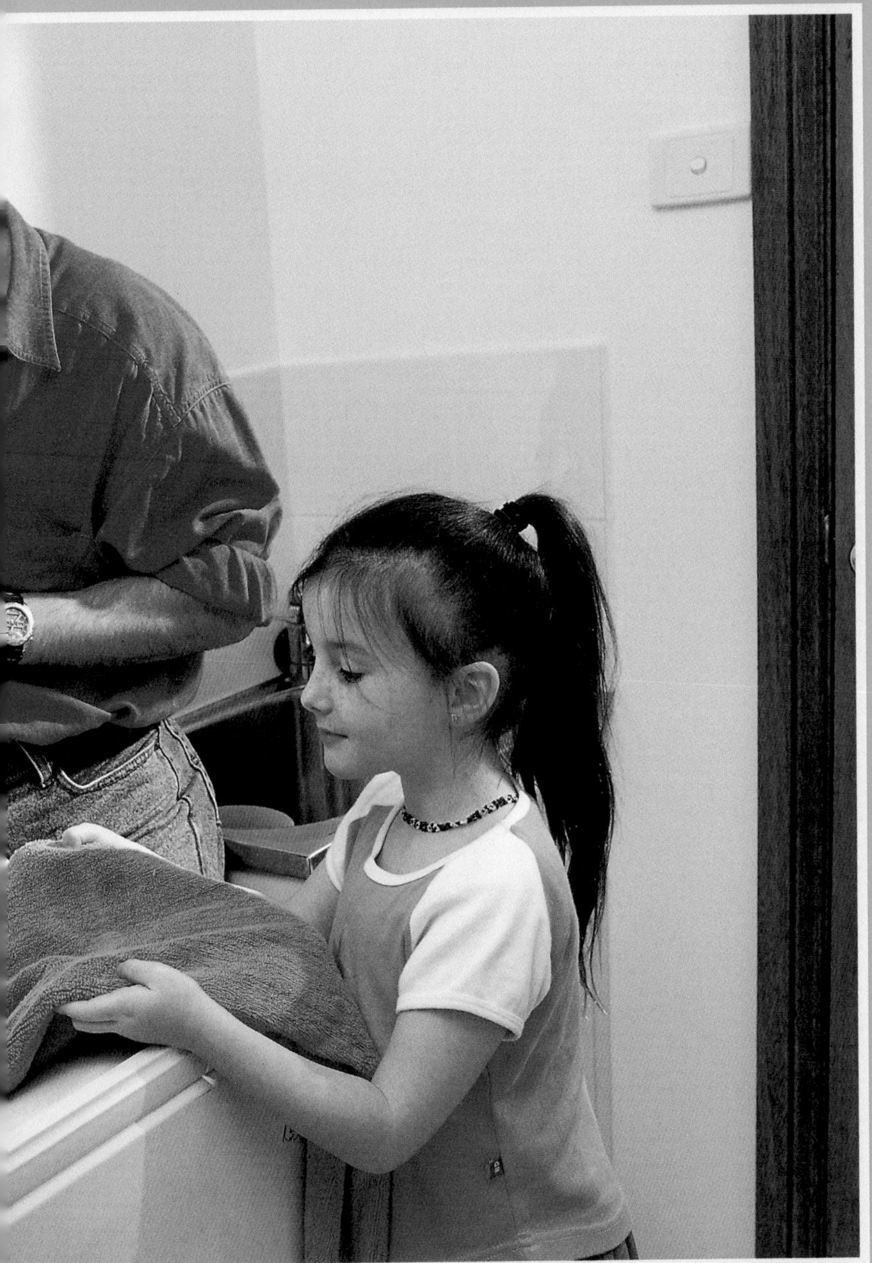

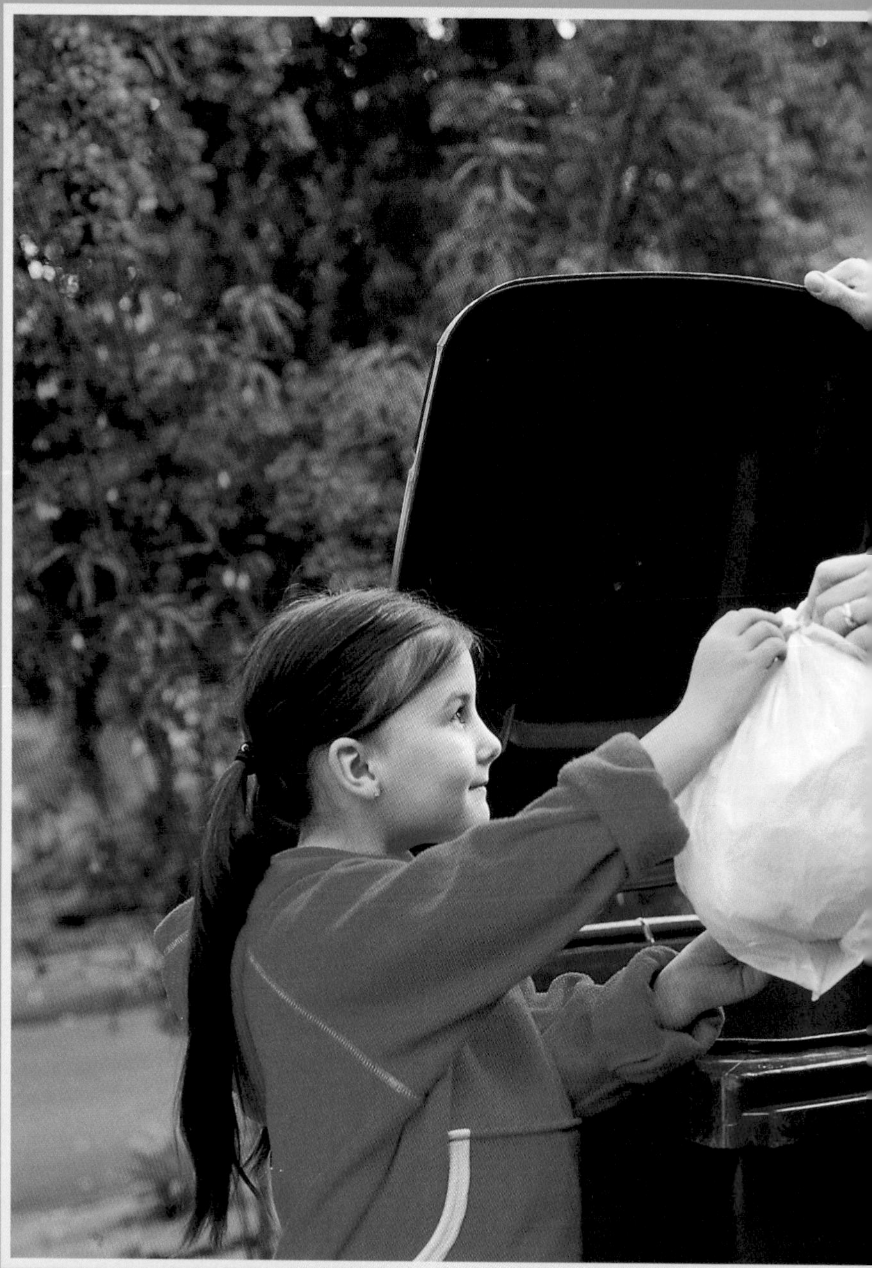

I help my dad.

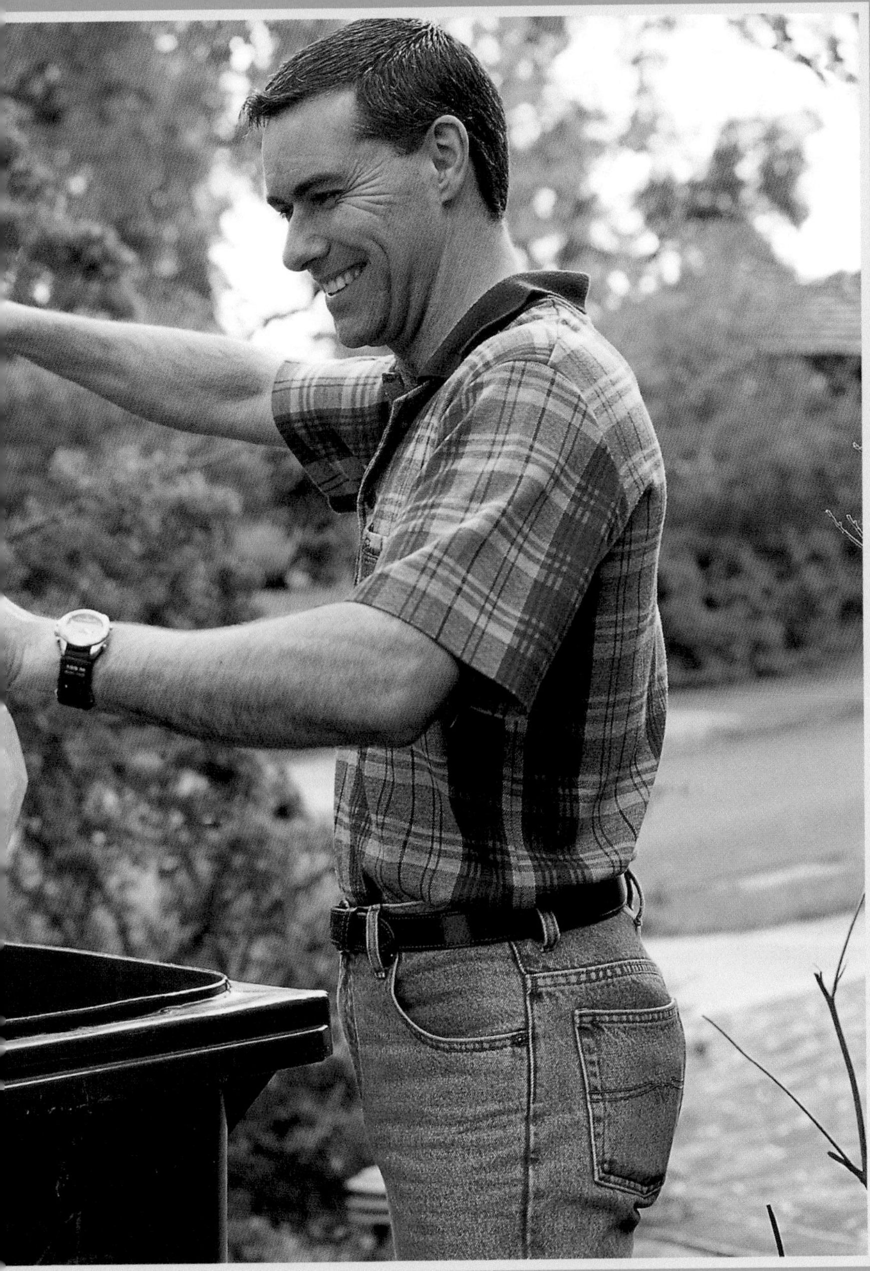

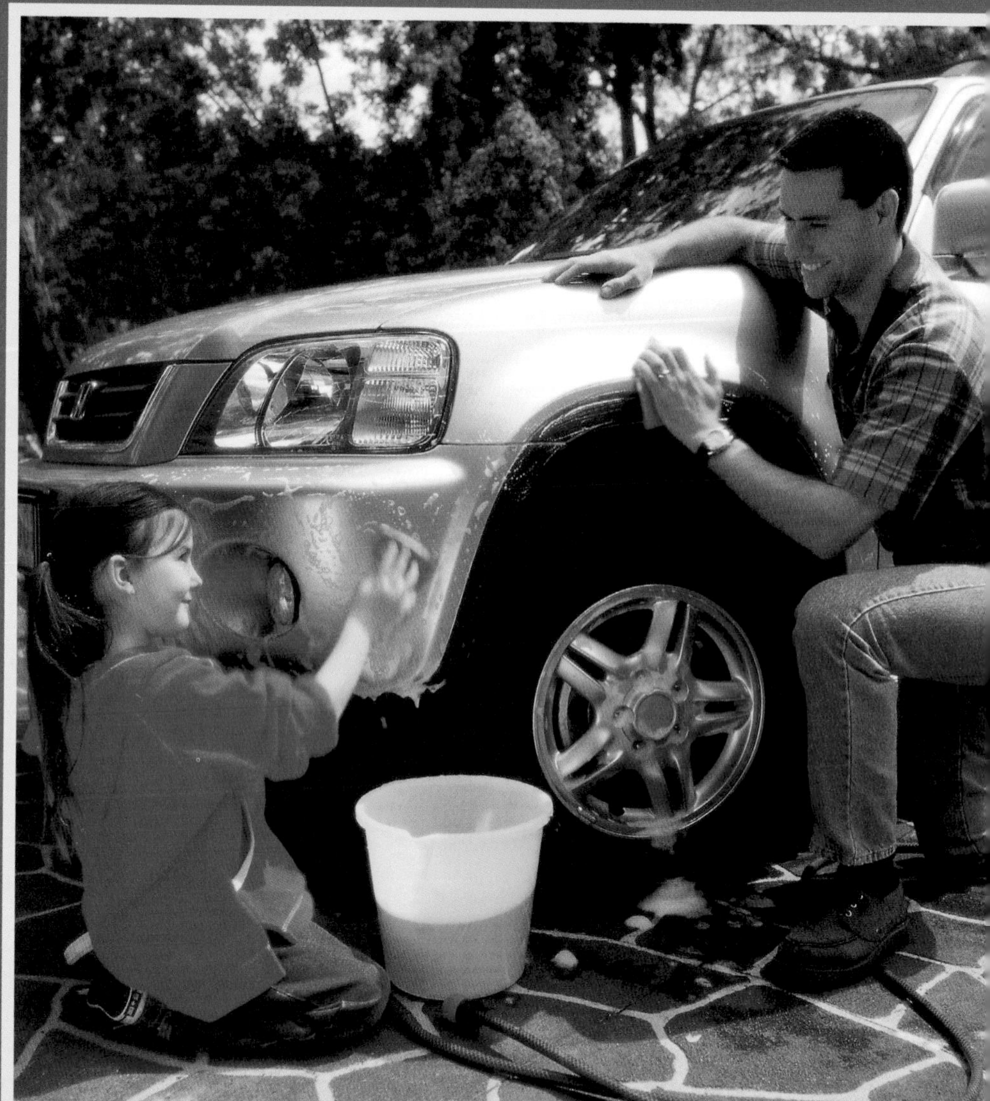

I help my dad.